Collection Ch. MAILLET

Tableaux

ANCIENS

ET

MODERNES

Mᵉ J. GUILLET	M. CH. BELVAL
Commissaire-Priseur	*Expert*
34, Rue Baudin, 34	6, Rue Saint-Georges, 6

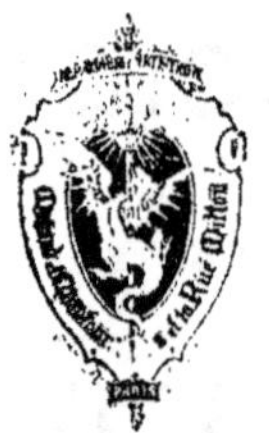

Collection Ch. MAILLET

CATALOGUE

DE

TABLEAUX

Anciens et Modernes

PAR

LINGELBACH, SCHALKEN, Salvator ROSA, SCHUT, VAN DYCK
CORNEILLE DE VOS, BENSA, BRASCASSAT

CRAEYVANGER, GROEGAERT, DANSAERT. DÉCAMPS
DE JONGHE, DE LA ROCHENOIRE

FOURMOIS, GARLAND, HERMANS, IMPENS, LELS (Henri)
MEUNIER (Constantin), MULLER, OYENS

PASINI, PORTAELS (Jean), ROYBET, STARCK, VAN BEERS
VERBOECKHOVEN, VERHEYDEN, VINCK (Franz) WAUTHERS

DONT LA VENTE AURA LIEU A PARIS

HOTEL DROUOT, SALLE N° 7

LE MERCREDI 21 NOVEMBRE 1900

A TROIS HEURES

Mᵉ J. GUILLET	**M. C. BELVAL**
COMMISSAIRE-PRISEUR	EXPERT
34, rue Baudin, 34	*6, rue Saint-Georges, 6*

EXPOSITION PUBLIQUE

LE MARDI 20 NOVEMBRE 1900

de deux heures à cinq heures et demie

CONDITIONS DE LA VENTE

Elle sera faite au comptant.

Les acquéreurs paieront *cinq pour cent* en sus des adjudications.

L'Exposition permettant au public de se rendre compte de l'état des tableaux, il ne sera admis aucune réclamation une fois l'adjudication prononcée.

Paris. — Imprimerie artistique Ménard et Chaufour 8-10, rue Milton.

DÉSIGNATION

TABLEAUX MODERNES

BENSA

1 — L'enlèvement.

Une troupe de cavaliers armés, en costume Louis XIV, escorte un carrosse entraîné au galop de quatre chevaux noirs, dans lequel se trouvent une femme et plusieurs personnages. Sur le chemin sont épars les cadavres de soldats qui ont tenté d'empêcher les ravisseurs de consommer le rapt.

Haut., 0ᵐ17. Larg. 0ᵐ34. B

BRASCASSAT (J.)

2 — Intérieur d'étable.

Dans une étable aux parois en torchis, un bœuf blanc et noir, mange dans une auge placée sur la litière. Dans un coin sont posés un licol et un balai.

Haut., 0ᵐ57. Larg., 0ᵐ74. T.

COURBET (Gustave) (École de)

3 — Marine.

Ciel nuageux. Un petit navire à voiles s'avance vers un récif qui se profile sur l'horizon.

Haut., 0m20. Larg., 0m31. B.

CRAEYVANGER (R.)

4 — Intérieur. Aquarelle.

Assis devant une table recouverte d'un tapis de Smyrne, un homme à longue barbe grisonnante, vêtu d'une houppelande verte, coiffé d'une toque rouge, des lunettes sur le nez, lit attentivement un livre. Devant lui des papiers sont épars.

Haut., 0m20. Larg., 0m17. B.

CROEGAERT (G.)

5 — Buste de femme.

Une jeune femme, à l'opulente chevelure blonde, porte un corsage décolleté sur lequel se détache un bouquet de roses thé.

Haut., 0m23. Larg., 0m18 B

DANSAERT (Léon)

6 — Visite à la galerie.

Des élégants et des élégantes en costume Directoire regardent des tableaux accrochés au mur. Au fond, devant une table-vitrine, un jeune homme et une jeune femme admirent des bibelots. Au premier plan un vieux bonhomme assis sur une chaise écoute les critiques de deux amateurs.

Haut., 0^m36. Larg., 0^m44. B.

DECAMPS (Alexandre-Gabriel)

7 — Le Chien blessé.

Haut., 0^m60. Larg., 0^m75. T.

DE JONGHE (Gustave)

8 — Le Fruit défendu.

Riche intérieur; le plancher et une table qu'on ne voit qu'en partie, à droite, sont recouverts de tapis aux vives couleurs. Sur la table sont posés une potiche renfermant une plante à grandes feuilles et un magot chinois. A côté, un grand bahut au-dessus duquel se remarquent un dragon et deux vases. Une élégante et jolie jeune femme habillée d'une robe noire que recouvre en partie une tunique de soie brun clair, garnie de guipure aux poignets et au cou, ouvre avec précaution l'un des compartiments du meuble, sur les rayons duquel sont alignés des livres. Elle craint d'être surprise et regarde autour d'elle si personne ne l'épie.

Exposition historique de l'art belge.

Haut., 0^m64. Larg., 0^m46. B.

DE LA ROCHENOIRE J.

9 — Bœuf au paturage.

Au milieu d'une prairie, au bord d'une rivière

sillonnée de quelques bateaux, un bœuf au pelage blanc tacheté de roux se frotte la tête contre le tronc d'un arbre dont les branches sont dépourvues de leurs feuilles. Plus loin, autres bestiaux couchés.

Haut., 0^m25. Larg., 0^m33. B.

FOURMOIS (Téodore)

10 — **Paysage**.

Au premier plan, une mare derrière laquelle se profilent de hauts arbres au feuillage touffu, qui se détachent sur un ciel nuageux.

Haut., 0^m27. Larg., 0^m39. T.

GARLAND (H.

11 — **En route pour le marché**.

Dans un paysage accidenté, un nombreux troupeau de bœufs, effrayés par l'orage qui gronde au loin menace de se disloquer malgré les efforts de plusieurs bergers à cheval. Site d'Ecosse.

Haut., 0^m75. Larg., 1^m25. T.

HERMANS (Charles)

12 — **Distraction**.

Une jeune femme coquettement vêtue : robe bleue à traîne, corsage violet, châle blanc, assise sur la plage dans un fauteuil en jonc, tient de la main droite son ombrelle ouverte renversée. De la main gauche, elle retient un livre ouvert prêt à glisser de ses genoux. Elle contemple la mer et jette un regard distrait sur l'horizon.

Haut. : 0m50. Larg. : 0m34. B.

IMPENS (J.)

13 — La Lecture du journal.

Une vieille femme assise, dont le buste, vêtu d'un corsage bleu clair, se détache en vigueur sur un fond sombre, des lunettes sur le nez, lit *L'Etoile beige* dépliée devant elle.

Haut. : 0m19. Larg. : 0m15. B.

LEYS (HENRI)

14 — Episode du sac d'Anvers.

Aquarelle.

Haut. : 0m18. Larg. : 0m16.

MEUNIER (CONSTANTIN).

15 — Le Violoniste.

Assis sur un tabouret, placé à côté d'une table recouverte d'un tapis, un jeune artiste, vêtu d'une longue redingote noire, s'exerce à déchiffrer une partition placée devant lui sur un pupitre. Derrière, sur le parquet, sa boîte à violon et une page de musique.

Haut. : 0m72. Larg. : 0m58. T.

MEUNIER (Constantin)

1) — Fait divers.

Au milieu d'un fleuve aux eaux lourdes sur-
nage le cadavre d'une jeune femme dont la tête
est vaguement éclairée par un pâle rayon de
lune.

Haut. : 0^m33. Larg. : 0^m49. T.

MULLER (C.-L.)

17 — Circassienne.

Une jeune et jolie Circassienne est accoudée à
un balcon de pierre, les bras croisés sur l'enta-
blement; la main droite est cachée par la gauche
dont les doigts effilés, ornés de bagues précieuses,
tiennent nonchalamment un éventail.

Le corsage de fine étoffe laisse apercevoir la
naissance de la gorge ; aux oreilles elle porte des
pendants de sequins. Son opulente chevelure
noire qui tombe en flots soyeux sur les épaules
est à moitié cachée par un foulard de soie rouge
brodé d'or.

Haut.: 0^m74. Larg. : 0^m55. T.

OYENS (P.)

18 — La Cruche.

Sur une simple table en bois blanc est posée
une énorme cruche en cuivre jaune qu'un long
usage a fortement bosselée. Un vif rayon de
lumière éclaire cet ustensile en même temps
qu'une terrine placée à côté ainsi qu'un gilet de

flanelle rouge et un tablier de toile bleue qui se
reflètent dans le métal brillant.

Exposition historique de l'art belge.

Haut. : 0ᵐ98. Larg. : 0ᵐ73. T.

OYENS (D.)

19 — **La Cigarette**.

Dans une salle d'auberge, un homme assis.
vêtu d'un veston bleu foncé, d'un pantalon gris,
chaussé de souliers bas, coiffé d'un chapeau rond,
roule une cigarette. Sur la table, près de lui, les
restes du modeste repas qu'il vient de terminer.
Par terre sa valise et son parapluie. En face de
lui, sur une chaise, une malle.

Exposition historique de l'art belge. Nᵒ 912.

Haut. : 0ᵐ35. Larg. : 0ᵐ26. B.

OYENS (D.)

20 — **Espièglerie**.

Assis devant une table, un vieillard est occupé
à lire. Un enfant debout devant lui profite de
son intention pour vider un verre qui se trouve
à sa portée. Derrière, un autre enfant joue avec
la pipe du liseur.

Haut., 0ᵐ26. Larg., 0ᵐ24. B.

PATINI

21 — **Le Bûcheron**.

Site d'Italie. Au milieu d'un lumineux paysage,.

près d'une mare, un homme juché sur un arbre dont il va abattre une branche, y a attaché une corde qu'une femme tient d'en bas. Fond montagneux.

Haut., 0^m28. Larg., 0^m22. B.

PORTAELS (Jean)

22 — Portrait de Miss Pussy.

Une toute jeune fille, vue de face, habillée et coiffée de noir, assise dans un ample fauteuil de velours rouge, caresse de la main droite un chat blanc endormi. La main gauche, appuyée sur un bras du fauteuil, froisse une paire de gants.

Haut., 0^m82. Larg., 0^m63. T.

PORTAELS (Jean)

23 — Paysage.

Au premier plan, des nénuphars en pleine floraison au milieu d'autres plantes aquatiques. Des arbres aux luxuriantes ramures forment le fond du tableau.

Haut., 0^m27. Larg., 0^m44. B.

PORTAELS (Jean)

24 — Hongroise.

Devant l'entrée d'une tente, une jeune femme, qu'on voit à mi-corps, regarde fixement devant elle. Dans ses superbes cheveux noirs sont fixés des sequins reliés entre eux par une fine chaînette d'argent. Le visage, comme le bras gauche que cache jusqu'à la naissance du coude une légère étoffe, est d'un bon bistre. La taille, légèrement échancrée, est de toile blanche rayée de rouge et de vert. Le bras droit ramène sur la hanche les plis d'une ample robe verte.

Haut., 0m99. Larg., 0m74. T.

ROYBET (F.)

25 - **Le Seigneur africain**.

Négligeamment assis et accoudé sur une table recouverte d'un tapis aux vives couleurs, un seigneur, au teint basané, vêtu richement, joue avec sa rapière.

Haut.., 0m60. Larg. 0m75. T.

ROYBET (F.)

26 — **Un Singe**.

Dans une cuisine un singe, accroupi sur le plancher, revêtu d'une camisole d'étoffe rouge, bordée de velours noir galonné d'or, frotte distraitement une casserole de cuivre. A côté de lui divers ustensiles de ménage.

Haut., 0m23. Larg., 0m36. T.

STARCK (J.)

27 — **Bachi-Bouzouck**.

Vu presque de face, un irrégulier de l'armée turque, coiffé d'un fez rouge que cache à moitié une étoffe blanche, tient de la main droite la gaîne d'un couteau dont il tient la poignée de la main gauche. Une pipe et des armes sont passées dans sa ceinture.

Haut., 8ᵐ71. Larg., 55. T.

VAN BEERS (Jean)

28 — **La Lecture**.

Haut.. 0ᵐ19. Larg. 0ᵐ17. B.

VAN BEERS (Jean)

29 — **Paysage**.

Quelques maisonnettes à demi cachées sous les arbres se détachent sur un fond de soleil couchant. Au premier plan, une route bordée d'un talus.

Haut., 0ᵐ12. Larg., 0ᵐ24. B.

VERBOECKHOVEN (E.)

30 — Un bœuf blanc taché de roux est debout au milieu d'une prairie à proximité de laquelle serpente un ruisseau.

Haut., 0ᵐ21. Larg., 0ᵐ26. Papier marouflé.

VERHEYDEN (Isidore)

31 — **Paysage**.

Ciel nuageux. De grands arbres se reflètent dans les eaux d'un étang. Au fond et à droite quelques maisonnettes.

Haut., 0ᵐ33. Larg., 0ᵐ53. T.

VINCK (Franz)

32 — La Joyeuse entrée d'un roi du tir.

Au milieu d'une place entourée de maisons à pignons pittoresques et bordée de grands arbres, se presse un peuple nombreux en costume de fête.

Sur un cheval bai-brun, le vainqueur du concours, coiffé d'un feutre noir orné d'une guirlande de feuillages, est accompagné de cavaliers richement vêtus précédés de porte-étendard, d'arbalétriers et d'un corps de musique. Sur la place circulent encore d'autres personnages parmi lesquels un marchand de pain d'épice offrant sa marchandise à de jeunes enfants.

Exposition historique de l'art belge.

Haut., 0^m68. Larg., 1^m17. B.

WAUTERS (Émile)

33 — Stella.

Une femme vue presque de face, portant le coquet costume de la campagne romaine, coiffure, manches et garniture du corsage rouge, au cou un collier de grosses perles de corail. Aux oreilles, de lourds pendants d'or. Les mains appuyées sur les hanches, elle regarde fixement devant elle.

Haut., 0^m69. Larg., 0^m61. T.

TABLEAUX ANCIENS

LINGELBACH (Jean)

34 — Repos au camp.

Au milieu d'un verdoyant paysage, des soldats viennent de dresser leurs tentes. Au premier plan, des chevaux dételés, dont l'un est blessé au flanc. Derrière, près d'un canon, des hommes jouent aux cartes pendant que d'autres sont occupés à décharger un chariot. A droite, à côté d'une femme qui allaite son nourrisson, un personnage couché à terre non loin d'un soldat assis près d'une tente.

Haut., 0m62. Larg., 0m86. T.

SCHALKEN (Godefroid)

35 — Portrait.

Gentilhomme portant une armure que cache en partie un manteau rouge sur lequel se détache la croix d'un ordre de chevalerie. De longs cheveux noirs bouclés encadrent son visage.
Signé à droite, en bas, G. Schalken.

Haut., 0m76. Larg., 0m62. T.

ROSA (Salvator)

36 — Portrait.

Guerrier à longue barbe noire représenté

presque de profil, coiffé d'un feutre rouge orné
d'une grande plume blanche. Il porte sur sa
cuirasse un collier d'or.

Haut., o 73. Larg., 0ᵐ54. T.

SCHUT (Corneille)

37 — Sainte Famille.

La Vierge, l'Enfant Jésus, Saint Joseph et
Sainte Anne.

Haut., 0ᵐ55. Larg., 0ᵐ42. T.

VAN DYCK (Antoine) Genre de

38 — La Descente de croix.
Esquisse.

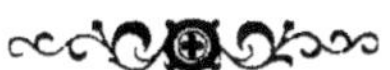

Cintré. Haut., 0ᵐ25. Larg., 0ᵐ19. Papier marouflé.

VOS (Corneille de) Ecole de

39 — Portrait.

Buste d'homme vu de face, revêtu d'une cuirasse noire à clous dorés et portant une fraise
autour du cou.

Haut., 0ᵐ52. Larg., 0ᵐ42. T.